D1736543

Figuras sólidas

por Daniel Shepard

Consultant: Tamara Olson, Associate Professor,
Department of Mathematical Sciences,
Michigan Technical University

Libros
sombrilla
amarilla
para lectores principiantes

Libros sombrilla amarilla are published by Red Brick Learning
7825 Telegraph Road, Bloomington, Minnesota 55438
http://www.redbricklearning.com

Editorial Director: Mary Lindeen
Senior Editor: Hollie J. Endres
Senior Designer: Gene Bentdahl
Photo Researcher: Signature Design
Developer: Raindrop Publishing
Consultant: Tamara Olson, Associate Professor, Department of Mathematical Sciences,
Michigan Technical University
Conversion Assistants: Katy Kudela, Mary Bode

Library of Congress Cataloging-in-Publication Data
Shepard, Daniel, 1957-
  Figuras sólidas / by Daniel Shepard
      p. cm.
  ISBN 13: 978-0-7368-7339-0 (hardcover)
  ISBN 10: 0-7368-7339-2 (hardcover)
  ISBN 13: 978-0-7368-7419-9 (softcover pbk.)
  ISBN 10: 0-7368-7419-4 (softcover pbk.)
  1. Shapes—Juvenile literature. 2. Geometry—Juvenile literature. I. Title.
  QA445.5.S536 2005
  516'.15—dc22

                                                    2005015737

Adapted Translation: Gloria Ramos
Spanish Language Consultant: Anita Constantino

Photo Credits:
Cover: PhotoDisc Images; Title Page: Phil Bulgasch/ Capstone Press; Page 2: PhotoDisc
Images; Page 3: BrandX Pictures; Pages 4–5: Signature Design; Page 6: Brand X Pictures;
(inset) Signature Design; Page 7: PhotoDisc Images; Page 8: Hemera Photo Library; (inset)
Signature Design; Page 9: Corel; Page 10: Hemera Photo Library; (inset) Signature Design;
Page 11: Stockbyte Photos; Page 12: Jupiter Images; (inset) Signature Design; Page 13:
PhotoDisc Images; Page 14: Corel; (inset) Signature Design; Page 15: Signature Design

1 2 3 4 5 6 11 10 09 08 07 06

MAY − 8 2007

Contenido

Todo tipo de figuras 2

Cubos 6

Cilindros 8

Conos 10

Esferas 12

Pirámides 14

Glosario 16

Índice 17

Todo tipo de figuras

Hay figuras por todas partes. Sólo tienes que mirar para encontrarlas. Hay un triángulo en el techo de esta casa. Tiene tres lados, como todos los triángulos. ¿Puedes encontrar otros triángulos aquí también?

Se encuentran muchos círculos en estas bicicletas. Son redondos, como todos los círculos. ¿Puedes encontrar todos los círculos?

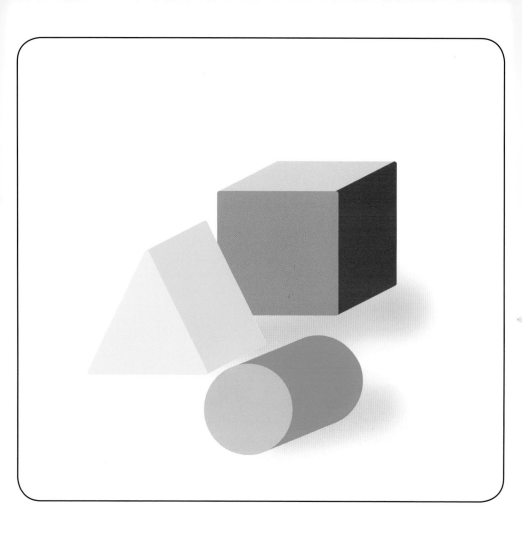

Cuando una figura ocupa espacio es una figura sólida. Casi todas las figuras sólidas tienen lados diferentes. Cada lado es una **cara**.

La cara de cada figura sólida es una figura plana. ¿Puedes encontrar las figuras que forman las caras de cada figura sólida? Encuentra un cuadrado, un triángulo y un círculo.

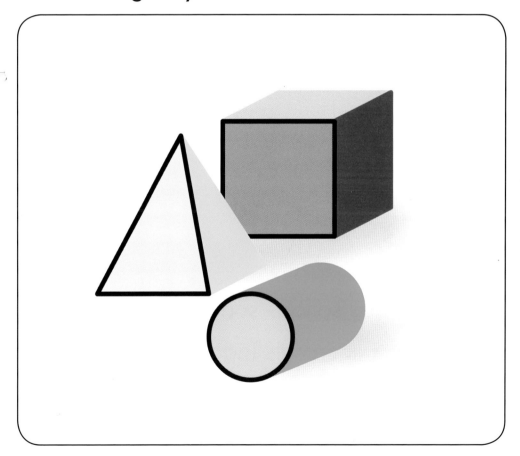

Cubos

Estas figuras sólidas son cubos. Todos los cubos tienen seis lados. Cada lado, o cara, es un cuadrado. ¿Cuántos cubos ves en esta foto?

Como nos dice su nombre, estos cubitos de hielo también son cubos. Además de tener seis lados, los cubos también tienen cuatro esquinas en cada lado. ¿Cuántos cubos ves aquí?

Cilindros

Estas figuras sólidas son cilindros. Los
cilindros son largos y estrechos. Las
dos caras de un cilindro son círculos.
¿Cuántos cilindros ves aquí?

En esta foto también hay cilindros. Son las columnas de este edificio viejo. ¿Cuántos cilindros ves aquí?

Conos

Estas figuras sólidas son conos. Todos los conos tienen una punta en un lado. El otro lado, o cara, es un círculo. ¿Cuántos conos ves en esta foto?

En esta foto también hay conos. Todos los niños llevan puestos gorros de fiesta que tienen la forma de conos. ¿Cuántos conos ves aquí?

Esferas

Esta figura sólida es una esfera. Todas las esferas son redondas. Una esfera no tiene ni lados ni caras. Tampoco tiene esquinas.

12

Mira las esferas en esta foto. Son de muchos colores diferentes, pero todas tienen la misma forma. ¿Puedes encontrar todas las esferas azules?

Pirámides

Esta figura sólida es una pirámide.
Cada cara es un triángulo. La base de la
pirámide es un cuadrado.

¡Mira todas las figuras sólidas! Hay un cubo, un cono, una esfera, un cilindro, y una pirámide. ¿Puedes nombrar cada figura sólida?

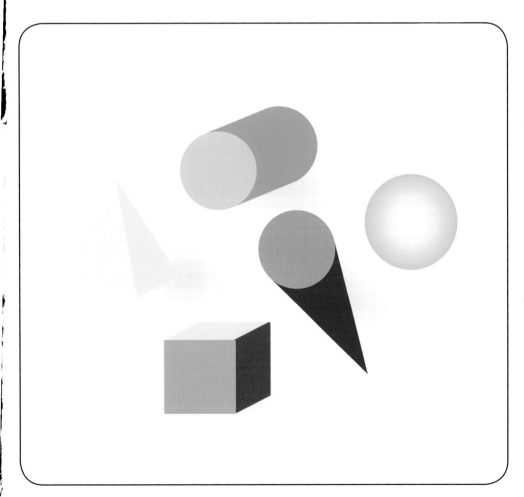

Glosario

cara
el nombre de los lados de una figura sólida

cilindro
una figura sólida que es larga y estrecha

cono
una figura sólida que termina en una punta en un lado y tiene una base redonda en el otro lado

cubo
una figura sólida de seis lados cuadrados

esfera
una figura sólida redonda

pirámide
un figura sólida creada con caras triangulares y una base cuadrada

Índice

base, 14
círculos, 3, 5, 8, 10
columnas, 9
cuadrado, 5, 6, 14
diferentes, 4, 13
esquinas, 7, 12
foto, 6, 9, 10, 11, 13
triángulos, 2, 5, 14

Word Count: 344
Guided Reading Level: J